عندما تُجهَض الحرية

منتصر منصور

عندما تُجهَض الحرية

شعـــر

دار الفارابي

الكتاب: عندما تُجهَض الحرية

المؤلف: منتصر منصور

لوحة الغلاف: الفنان هشام زريق

الناشر: دار الفارابي ـ بيروت ـ لبنان
ت: 301461(01) ـ فاكس: 307775(01)
ص.ب: 3181/11 ـ الرمز البريدي: 2130 1107
e-mail: info@dar-alfarabi.com
www.dar-alfarabi.com

الطبعة الأولى 2010
ISBN: 978-9953-71-566-7

تباع النسخة الكترونياً على موقع:
www.arabicebook.com

عندما تُجهَض الحرية

عندما تُجهَض الحرية

إهداء

إلى كلّ روحٍ تأبى الأسر
وذكرى استوطنت العتمة أزقتها
فأشعلت روحها قنديلاً
بلّل أحلامه المطر الأسود
فغدتْ رائحته دليل المتمرّدين

عندما تُجهَض الحرية

مدخل(*)

وطنٌ قتيلٌ

ملأتُ قلمي بدماءِ الأطفالِ
فأبت أن تسيلَ..
شَربَت عينايَ دموع الأمهاتِ
فأبت أن يمسَحَها منديل
فحملتُ السلاحَ بين يديَّ
ومشيت..
فأبت قدمايَ الجريَ فأيقنت،
أنّ هذا الوطن،
بينَ الكلامِ والفعلِ قتيل

(*) (كُتبت المجموعة بينَ حزيران/يونيو 2005 - أيلول/سبتمبر 2009)
(جمادى الأولى 1426 - رمضان 1430)

متى نغضب؟!

متى نغضب؟!
ونكسرُ كأسَ خمرة الصمت

متى نغضب؟!
ونشهرُ الحُسام
من كنانةِ الوقت
كالطيرِ لنا من القشِّ
والطينِ بيت
ومن رمادِ الدهرِ وطن
وقنديل وزيت

متى نغضب؟!
فنعيدُ للوردةِ رائحةَ الندى

متى نغضب؟!
وإن كان ثمنُ الغضبِ الردى

حرٌّ أنا بدونِ هُويَّة

حرٌّ أنا بدونِ هُويَّة
وفي صالةِ الكنيست
أرمي ببطاقتي..
مكبّلَةً بألفِ لغةٍ ليست
عربية
وطريقي إلى المنفى
تصنعُهُ يدايَ
كأني من يعزفُ موتي
أمشي وفي عنقي
رسالةٌ أبجدية
وطفلةٌ تغنّي؛
كلَّما بدّلوا اسمي
حرٌّ أنا بدونِ هُويَّة

أرتدي ألواناً حُبلى

بها ذاكرتي

أسودَ، أبيضَ،

أخضرَ، وأحمر،

وقصّةً غيرَ مرويّة

حرٌّ أنا بدون هُويَّة

متهمٌ أنا إذا سُئِلتُ!

متهمٌ أنا إذا أجبتُ!

متهمٌ أنا وفي جيبي هُويَّة!

حرٌّ أنا بدونِ هُويَّة

أتحلمُ كثيراً؟

أتحلم كثيراً؟

آرقُ كثيراً..

تستيقظ نشطاً؟

مرهقٌ دائماً

تكتب للوطن؟

أهذي به فقط

ماذا تقرأ؟

لا شيء

لماذا تقرأ؟

مشاغبٌ أنا

منذ صغري

عرّف عن هُويَّتك

الاسم: تهمةٌ (محمّد)

الوطن: قضيةٌ (فلسطين)

العمل: شرطيٌّ بين الكلماتِ

أشطبُ النونَ أو التنوين

تحصيلكُ العلميّ؟

شهادةُ وفاةٍ تخرج

من حينٍ إلى حين

تحبُّ الفلسفةَ أو الوطنَ أكثر؟!

أحب الشعرَ بغيرِ توزين

ماضيكَ الأمنيّ؟

لحظة ولادتي

تُتقن العربية أم العبرية أكثر؟!

لغةٌ (عربريّة)

أتشاركُ في أمسياتٍ وطنية

أشاركُ في جنازاتٍ قومية

نستكملُ التحقيقَ الأسبوعَ القادم

لستُ على ما قلتُ نادم

خذوه إلى الأسر

عدتُ إلى الوطن

ملاحظة: كلمة عربرية تتردّد في أكثر من قصيدة: (أعني بذلك تلك اللغة
الخليطة بين العربية والعبرية)

أبصم فقط

ما التي بيدكَ؟

ساعةُ موتي

تدلني على طريقي إذا غبت

وتلك التي فوقَ رأسِك؟

عمامةٌ فارغةٌ تتلو

عليّ حاضري

ما الذي يلمعُ بينَ قدميكَ؟

سلاسل من ذهبٍ ألمّع

فيها وجهي

وذلك الرداءُ الأنيقُ

أقضي به حاجتي

عندما أُطلبُ للمنصّةِ

وتلك الأوراقُ في حجرِك؟

18

أحلامٌ صغرى

ذلك الحزام حول خصرك؟

كيلا يسقط جبيني

من سروالي

وهذا الخاتمُ في إصبعك؟

لا شيء..

بطاقة هويتك؟

في سلةِ مهملاتٍ على الرصيف

ماذا تعملُ في النهار؟

أجير خلف عقارب

الساعة أنتظر

ماذا تعملُ في الليل

أجير خلف الأرقِ أحتضر

وقِّع على أقوالك

أبصمُ فقط

غَزّة وشاربو الدماء

أنا

لا أفنى والموتُ

بعدي أبديٌّ الحياةِ

ألملمُ قامتي منتصباً

وإن حطّموا أضلعي

بصمتِ البكاة

أنا

لا أفنى مغترباً

على صدرِ أمي وإن

أضاعوا في حِضنِها

رائحةَ الآيات

الجسدُ محاصرٌ والعُشبُ

محاصرٌ والإدانةُ أسهلُ

اللغات

يا أمي: لا تحزني
لا الجوع يقتلني
ولا شَربةُ ماء
باركي موتي شهيداً
ولا تقبلي العزاء
الموتُ يعيد ولادتهُ
بين أضلعهم كلما
سألتْ عينايَ الدعاء
أنا
لا أفنى كالأثيرِ
في غيابِ الهواء
روحاً في حضرةِ
الموتِ أبقى وإن
جمعوا دمي في إناء
جوعي وعطشي
وموتُ صغيرتي
كفني قلمي وألوانُ

حريتي.. غضبٌ وأسرٌ

وفتاتُ روحٍ في قمقمِ الدواء

الحصارُ يحرّرني

والموتُ يحييني لغةً واحدةً

تنثرُ رحيقَها في غزّةَ الكبرياء

يا أمي: لا تغضبي

وأغمضي عينيكِ

معاً نعيدُ لغزّةَ رائحةَ الأنبياء

معاً نطردُ من الجسدِ

دولةً ساديّةً شاربي الدماء

حُرّةٌ غزّة

ليس القتلُ مفتاحَ
النافذةِ الذهبيةِ
لستُ الفاني وإن
ملأتَ بالدمَ عينيَّ
موتي يعيدُ ولادتي
خلف البندقية
أنفضُ الغبارَعن جثتي
وأرتلُ غدي للمرةِ
الثانية..
أمشي وركامٌ من
الموتِ يأخذني
خلفَ الخالدين لنومٍ
سرمديّ..

في مجزرةٍ فيها

الطفلُ موتٌ بديهي

فاسمه أحمدُ

وهو فلسطيني،

رغيفُ موتٍ

وفتاتُ مقاومةٍ تروّضُ الجيشَ

الساديَّ وتخلعُ عنه

أوهامَهُ التهويدية

أنتَ الحرُّ

ومن يقتلكَ؟!

أحمقُ الخطى قاتلُكَ،

أنت الحرُّ

ومن يأسرك؟!

مكبّل العينينِ آسرك،

أنت الحرُّ

ومن يحررك؟!

حُرّةٌ غزّةُ هي بلدك

إن كان قتلي حلاً

يا أبي: لستُ أبكي
ولا منديلَ يحملُ
دمائي، سقط الجسدُ
ورائحةُ الموتِ ردائي
يقولون: قتلي سهلٌ
وضرورةٌ لتنموَ الوردةُ
على خدِّ أعدائي
يا أبي: ليس قلبي قنبلةً
أو طائرةً مروحيّةً،
لستُ سوى طفلٍ أنهكهُ
اللعبُ خلفَ البندقية،
تمرّ به الطفولةُ
ولا تُلقي التحية

يا أبي: مررتُ بأصدقائي
فوق الرصيفِ أشلاؤهم
ما من أحد..
فالقصفُ سوّى ديارَهم
أحدٌ أحد..
يا أبي قل لهم:
إن كان قتلي حلاًّ
فاقتلني.. واترك
دمعتي في التراب
رائحةً أبدية..
قل لهم: سأبقى الأسمى
شهيداً لا تأرقُ عيناي

ما عاد قتلي سرّاً

ما عاد قتلي سرّاً

أو حبراً على ورق

ما عاد يؤلمني صوتُ

الموتِ في الأرق

أطفالٌ في حضنِ الحياةِ

والموتُ أطفاليَ سبق

يُثمنونَ موتي بضعةَ

دولاراتٍ وأدواتٍ طبية

ومنهم من قالَ:

لننتجَ لهم أغنيّة

يا هؤلاء:

لدمي حرمةٌ وهُويَّة

مسلمٌ أنا والجهادُ

حقٌّ عليَّ
يا هؤلاء:
لستُ بفارغِ الروحِ
ولا الدين منسيّ
طفلي شهيدٌ في
السماءِ أبيّ
يا هؤلاء:
لا تخلطوا الدمع بالدماء
أللآه معنىً لديّ؟!
كم من ماءِ زمزمَ يكفيكم
لتطهروا أياديكم من دمائي
ألستُ المقدامَ وأسرى
العدوِّ ورائي..
أليس قتلي أوّلاً.. ومن
بعدي أنتم الثاني
فاتركوني أُغضبُ العدوَّ
ومن عاداني
يا هؤلاء:

ما عاد قتلي سرّاً

أو حبراً على ورق

في التلفازِ يراني كل

مخادعٍ وأحمق

الجندي الأبله

أيّها الجنديُّ الأبله
هلاّ ترجّلتَ من
برجِ الهواء؟!
حيث الهُنا قصفتَ
والأشلاء..
أطفالاً يرسمونَ برمادِ
البارودِ علامةَ تعجبٍ
وحفنةَ دواء
نرشّها على بقعِ الدماء
كَردى الليلِ
في عمق الدأماء
أيّها الجنديُّ الأبلهُ
بمَ تفكّرُ حين تضغطُ

على الزناد؟!
رضيعٌ أنا لم أتقنِ
المشيَ بعد
أويزعجك صوتُ
ضحكي في الغد
أحقاً أنّك أبله؟!
تمارسُ طقوسَ النسيان
إثرَ عودتِك..
إلى البيت والأولاد
وإن سألك أصغرُهم
خذني معكَ إلى
تلك البلاد
– هناك بلدُ الشيطان
يفضّلون الموت
تحت الكثبان
– يبتسمُ الطفل
سـأصبحُ طيّاراً..!!
لأقصِف بلادَهم بالنار

31

لا يسمعُ ابنُ غزّةَ الإجابة

يظنُّ أن الغارةَ انتهت

يهرولُ إلى الحانة

ليجد جثةَ البائعِ على

بابه قد تفحَّمت

طائرتي الورقية

ماذا تفعلُ بهذا الورق؟

أم هذَى بِكَ الأرقُ؟

قالوا لنا سنصنعُ من

الورقِ حريةً

أجمعُ من أصدقائي

صورَ أشلاء

ومن قميصِ أبي الدماءَ

أرسمُ شكلَ حُلمي

في الهواء

وشالَ أمي حبلَها السُّرّي

يصلنا برحمِ السماء

فتكَبّلُ طائرتي الورقية

قالوا لنا سندخل كتابَ (جينيس)

33

وسنفرحُ كثيراً فربما
ينفكُّ الحصارُ قليلاً
ونستطيعُ شربَ الماء
من غير دماء
قالوا لنا أنتم موهوبون وفنانون
أليس للفنانِ مسكنٌ ولو من طينٍ
لستُ الفنانَ ولستُ الموهوب
دعوني أخرج من ذلكَ الأنبوبِ
أتركوني أرضعُ من ثدي
أمي متى أشاء
وأوبّخُ أبي متى أشاء
وأصنع الخبز من العجينِ
لا من غيمةٍ عقيم
في قفصٍ ببغاء وتِنّين

في القدسِ وطن

في هذه البحيرةِ الصحراء
جدٌّ ورسولٌ وامرأةٌ
ورداءٌ بغيرِ رداء
في الوطنِ لغةٌ وإيقاعٌ
يعزفهُ المنفى لوحةً للغرباء
في القدسِ وطنٌ
ترسمه جدتي في أسفلِ الوعاء
في القدسِ جدٌّ وطفلٌ
يلهثُ خلفَ السماء
يا جدّي بأيِّ لغةٍ تحدّثني؟!
ومنها لا أفهمُ سوى
العبريةِ بلدغِ الراء
لي ألفُ لونٍ يكفنني

35

الأزرقُ والأبيضُ
وألوانٌ سلبوها ذاكرتي
فصرنا كحبرٍ على ورقٍ
تبلّله قُبلُ العذراء
يا جدي بأيِّ لغةٍ تحدّثني؟!
والدمعةُ على خدِّكَ مسلوبةُ البكاء
الفائتُ من يومِكَ غدي
والبارحةُ قصيدةُ المساء
أنتَ الوطنُ السائرُ
تحتَ رمادِهِ كلغةٍ
جرّدوها من رائحةِ الأنبياء
الليلُ فوق جبينِكَ أرهقَهُ المشيُ
فانتظرهُ، ربما الصباحُ آتٍ
سويّةً نحملهُ..!
- يا بنيَّ؛ على عتبةِ كل بيتٍ
كتابٌ ودماء
روايةٌ أجهضوها وأخرى
متعبةٌ في الفناء

يا بنيَّ سل جدتكَ
فأنا سئمتُ التراتيلَ
وكذلكَ الشهداء
جدتي تحوكُ فستانَ فرحٍ أسودَ
ودموعُها بيضاء
تتفقدُ الأمسَ والقهوةُ غريبةُ المذاق،
ألا أعدتني إلى رحمِ الماء؟!
فيعادَ تكويني بغير دمٍ
يراقُ في الساحاتِ والخَفاء
أخذوا حنطتي وسنابلي وصنعوا
آلةَ موتٍ فطريةَ الأداء
سرقوا لغتي ولفوها بمنديلٍ
على شفاهِ الغرباء
لا الحرفُ عربيٌّ ولا النُطقُ عربيٌّ
والكلامُ أعزلُ الكبرياء،
- قل لهم:
أنَّا في القدسِ لغةٌ تعيدُ ولادتَها
كالعنقاء..

الموتُ بعدَنا حياةٌ أبديةٌ تعيدُ للقدسِ
الألفَ.. والباء،
أراكَ والأمسُ قنديلٌ
تطفِئهُ أحذيةُ جنودٍ بؤساء،
حملتُ البارحةَ وقبري والغدُ
يحملُ حاضري على كتفِ النساء
نظرَ إليَّ جدي يهمسُ
في أذْنِ جدتي،
لذلك الفتى رائحةُ كلامٍ
لم يُنفض عنها الغبارُ بعدُ
كأني أراسلُ طفولتي
بصوتِ القدر والقضاء

في بيتِ حانون

في بيت حانونَ
قال قائلٌ:
أتى آكلو لحوم البَشَرْ
ما العملُ يا أبي!؟
مرّوا بنا..
مرّوا من هنا
وفي عتمةِ الجدرانِ
صلبوا حكايةَ الحب
ومعزوفةُ القتلِ تبادلهمُ التحية
ورائحةُ الموتِ تُقبِّلها شفاهُهُم
ارتدوا الدماءَ زيّاً عسكريّاً
وانتعلوا أحذيةَ الأطفال
وسرقوا الدُميةَ،

أراكَ ومنفاكَ في بلدي
أيها الجنديُّ التعيس،
لي وطنٌ تنسجُهُ الملائكةُ
في حضنِ أمي
وإن باركَكُم إبليس
فيولدُ موتُكم على عتبةِ
بيتي وفي زقاقِ حريتي
يترجلُ طفلي نبيئاً
يا أبي:
سئِمتُ الأحلامَ خلفَ بنادِقهم
والحريةُ ملَّتْ مواساتي..
من أولاءِ الجنودِ في غرفتي؟!
قل لهم: فليخشوا أنّاتي

مثلكِ أنا طفلة قانا

أشبِهكُم ولي ملامحُ
القدرِ على جباهِكُم
سَلَبوا حريةَ موتِي
واعتَذرُوا لاسمي
في محكمةِ الموت
شنقُوا مدينتي على رصيفِ
تمثالِ الحرية
وأذاعوا موتي خبراً في
جريدةٍ صفراوية
شربْنا من دمائِنا فغدا
الموتُ مألوفاً
ورَضِعنا شتاتَ الهُويَّة
فأصبح الوطنُ سجيناً

كطفلةٍ قانا في حضنِها
قنبلةٌ عنقوديةٌ
أطفالكم،
فكّوا قيودَ العسكرِ بأحلامِهمْ
ونسجَوا النصرَ بينَ أرواحِهمْ
آيةً سماويةً
همستْ طفلةُ قانا في أذنِ أمِّها
يا أمي:
تحمِلُنا الملائِكَةُ وتمسحُ
عنَّا دموعَنا
يا بُنيَّتِي:
تلك رَوْح اللهِ تنتظِرُنا
فأمسكي بيديَّ وعانقي التراب
خلَعَتِ الطفلةُ رداءَها الأبيضَ
ولفَّت صدرَ أمِّها
فارتسمَ دَمُها حريةً
كلما قتلوني

حريةً كلما شرّدوني

هُويةً وما سلبوني

نصراً أينما حاربوني

أنا بعد الحادي عشر من سبتمبر

أنا بعد الحادي عشرَ
من سبتمبر
يُراقبونَ هُويَّتي
ويهابونَ اسمَ أمي
أجل إنَّها فاطمةُ ما بالُكُم؟!
ضَحِكْتُ..
فقد أرهبَهمُ اسمُها
كسلاحِ كوريا الشمالية
وأطفالِ فلسطين،
كبَّلوا يديَّ فوق مدينتي
وجروا حذائِي إلى غرفةِ القادةِ
همسَ الموظفُ الجنديُّ
مُحَمَّدْ؟

نظرَ إليَّ بقسوةٍ:

إلى أين أنتَ مسافرٌ؟!

إلى قبرِ أبي وحِضْنِ أمي،

وأضفت؛

ما شأنكَ أنت؟!

وطنٌ مرَّ من هنا

بلادي الحُبلى
بوطنٍ مرَّ من هنا
كمنفىً وأسيرٍ
وطفلٍ يحلمُ أن يطير
أروِّضُ منفايَ بيتاً أعيدُ
ترميمهُ وأعتِّقُ في جدرانهِ
حُريَّتي وأجرِّدُ قهوتي
من خارطةِ ذاكرتي،
مدينتي يا مدينةَ الغرباء
الترابُ لا يعرفُني
والوقتُ يسخر
فتاتي لا تُقَبِّلني والقلمُ
لا يثأر..

فتاتي:
أقتلني أو تعيد إليَّ
بعضاً من جمالي
كُنْ حُلماً إذا غبت
كُنْ ذاكرةً إذا أتيت
فتاتي:
حرية داخلَ ردائي
المهترئ يرافقها الحُلمُ
وبندقية،
في بلادي لا حاجةَ للأسماء
في بلادي يغتالُ الهواء
في بلادي قفصٌ وطيران
حلمٌ أبيضُ وغرابٌ
أسودُ العينينِ
في بلادي ولادَتانِ
موتٌ قبل الولادةِ
وولادةٌ قبلَ الموتْ

ماذا تقول للغد يا جدي؟

ماذا تقولُ للغدِ يا جدي؟
ماذا تقولُ للأمسِ يا ولدي؟
حملتِ السحبُ لمعانَ البرقِ
منْ ترابِهِ ورحلت
نزلَ في باحةِ دارِنا
عنكبوتٌ أسودُ
بنى لهُ قصراً في حقلي
وجداراً حولَ خربتي
وشرطياً يسألني:
كلما قصدَ أنْ يصادفني
أين هُويَّتي؟
يدقّقُ في ملامحي

كنصٍ أدبيّ

ويتفرّسُ في لهجتي إن

كنتُ عربياً

ويؤنّبُني كأنّي من

يحملُ البندقية

وهل أملكُ غيرَ

قلمِ رصاصٍ خشبيّ

وجملةٍ تفعيلية؟!

يحفرُ لي سجناً ويحرقُ

في عتمتهِ مكتبتي،

ثم يدّعي أنّه من يهبُ

حريتي، يراودني قولٌ:

"متى استعبدتم الناس وقد

ولدتهم أمهاتهم أحرارا"

أبتسمُ، لا أجيب

وأتناسى الهُويَّة مرارا

ماذا تقول للغدِ يا جدي؟

لا يردُّ...!!

أنظرُ إليهِ ينعمُ بغفوةٍ

ربما يبحثُ فيها عن إجابة

لن يطولَ حكمُكَ كثيراً

لستَ بالسيدِ ولستُ العبدَ
بيني وبينَك تفاعلُ الوقتِ
في رحمِ الساعةِ

لنْ يطولَ حكمُك كثيراً
فانظر في رمادِ النارِ
بيني وبينَكَ يقظةُ الغافلِ
وفراغُ الفقاعةِ

لنا رؤيا في عمقِ
الضبابِ الملتحفِ بصوتِ
الحق كدمعِ العين
تمسحُ سوادَ الأرق

كالغيثِ في أرضِ المجاعةِ

أخذ التجبّر منك لونَ
الموتِ البطيءِ
وحاكَ الصبرُ
ردائيَ الأنيق
أمشي وبيدي قلمٌ وولاعةٌ

أحملُ من زادِ جديَ
خبزَ الزيتونِ وصلاةَ
القانتين ودماءَ الفزّاعة

تراني بعينِ الإرهابِ
تعمى عن رؤيتي بين
جلدَتَيِ الكتابِ أرضعُ
حليبَ المناعة

أسقي الروحَ من مدادِ العلمِ

وأخوضُ الحربَ كلاعبِ
شطرنجَ تحكمُهُ البراعة

وإذ بنصرٍ يُبشّر بعهدٍ
جديدٍ لا يَضربُ
بالحديدِ أطفالَ الرَّضاعة

إذ بنصرٍ يعيد للأمةِ
خالدَ بنَ الوليد
والحقَّ من بطنِ الضباع

ثوري

يا دمعةَ أمي

بينَ يديّ شمعة

تضيءُ النورَ في

عينيّ دمعةً

تحملُ الغضبَ بسمةً

في وجهِ طفلي

ثوري

بين قدميَّ ريحاً

تصعقُ السجّانَ وجدرانَ

أسري..

ثوري وامسحي عينيكِ

بدمِ الشهداء

وانزعي عنكِ

ذلّ الحذاءِ

فالموتُ أكرمُ من

صنعِ دمعي

ثوري

بينَ العين وبصري

حلماً يحوكه صبري

ثوري

من عمقِ البحرِ

ودمعِ الحبرِ

على الأوراقِ

ثوري

من عبقِ الزهرِ

واعلي فوقَ البُراقِ

يأتنا نصرُ الله في العراقِ..

وكشمير والشيشان

وأفغانستان والصومال

والسـودان وفلسطينَ بلدي

ثوري

كلما رغبتِ أن تكوني

من الشرفاءِ ثوري

هذيانُ ليبرمَن

أقول لا، لم ولن
نُجنّدَ ولا تُؤسر الحريةُ
يا ليبرمَن
موتي ثمنُ حريتي
ودمي يخطُّ قصيدتي
حرة هي:
رائحةُ الترابِ تنثرها
جدتي حريةً
لا تُجنّدُ وما أنت
سوى ساديٍّ
يظمأ لدمِ الأطفالِ
أما اكتفيت؟!
أنا الهُنا

مذ متى أتيت؟!

ليَ في أعلى السنبلةِ

وطنٌ وبيت

ولك رمادُ السيجارةِ

كلما اغتررت

أيّها الآتي نكرةً إلى

معرَّف

يأخذكَ منطقُ المعقولِ

أو عقلٌ خرَّف..

تسلبُ مَن، حرية من؟!

ولنا في الشجرِ الثمرُ والمنّ

لن نُجنّدَ ولا تُؤسرُ الحريّةُ

في أسرِ من؟!

أنا الهنا

حلمٌ في العينِ.. أبد

يُعتّقُ أمسي فجرَ غد

إشرب من كأسِ

هذيانِكَ وعُد

لنا لونُ الترابِ على الخد

وغضبٌ يُزهِقُ الشوكَ

من عمرِ الورد

حقّ العودة

غدا وطني سجناً كبيراً

منقوشٌ على جدرانهِ بيتٌ

حولَهُ سورٌ شائكٌ

يسألني أطفالي:

أين المِفتاحُ يا أبي؟!

في حجرِ جدَّتكِ

يزيده لمعاناً ملحُ الغربة

متى نعودُ إلى بيتنا؟

غداً

حقّاً يا أبي؟

سنهجرُ المخيّمات

سنهجرُ المخيّمات

كيف هو شكلُ قريتِنا

60

أزقةٌ يملؤها
العنبُ والتفاح
ونبعُ ماءٍ يسقي
الليلَ والصباح
أبي:
جدتي متعبةٌ
قولي لها:
أحفادُكِ في الجليلِ
ويافا ورام الله وغزة
يحوكونَ لكِ فستانَ العودة
أبي.. فقدناها..
أنثروا في سماءِ مثواها
حفنةَ ترابٍ من تلك الجرة
وامشوا في ظلِّ روحِها
تصر البلادُ حرّة

سأكون حرّاً

سأكونُ حرّاً يوماً

ويسقطُ عدوي من حلمٍ

نسَجَهُ كخيطِ العنكبوتِ

فوق بصري

فلمّا دمعت عينايَ

أرديتُهُ قتيلاً

فأنا لا أطيقُ الموتَ

وحدي

وإن قصفَ من عمري

عمراً

أنا الغدُ في حلمهُ

يثبُ نصري

سأكون حُرّاً

أبدّل بندقيتي قلماً

وحاضركَ ماضياً

أشطبهُ من دفتري

قصفَ البيتَ وقتلَ

الولد والبنتَ

وقال: عذراً.

سيمرُّ بكَ طفلي

ينفضُ غباركَ عنه

وينفيكَ بعيداً..

فحانَ لي أن أكونَ

حرّاً وحانَ لكَ من

هذا المكانِ أن تمضي

63

لكل دمعةٍ يدٌ تمسحها

سأجمعُ من رماد
الأمسِ شمعتي
في نهاريَ المعتمِ تُضاءُ
وألمّعُ حذاءَ جدي
وأرشُّ المحرابَ بالماء
وألفّ جبيني بحطّتي
ومن دمعِ أمي أصنعُ الحِنّاء
سأجمع من رمادِ
الأمسِ قصيدتي
وبندقيتي في انتظار المساء
لن يُغيّرَ عطر المواسم رائحتي
أو تلوّنَ بالأزرقِ
والأبيضِ هُويّتي

فأنا كغصنِ الزيتون أنحني

بكثرة الثمرِ لا بسوطِ الأعداء

كم منّا أهلكوا وشردوا

وفي كل موتٍ تولدُ حياة

فلكلِّ دمعةٍ يدٌ تمسحها

بقوةٍ وعناء

في خطانا عودة

على مناديلِ الغربةِ خُطانا
عائدةٌ.. تحملُ أسماءَنا
مثلَ وقعِ الموجِ في الصحراء
وتُرتِّل السماءُ دمعتَنا
في أذنِ الغراب
في الغيابِ لنا وطنٌ
يحلمُ بقصصِ العائِدين
في الغيابِ لنا قدرٌ
ينمو مع الياسَمين
في ليلةٍ مقنّعةٍ بصمتِ
اللصوص نثروا.. الموتَ
كحباتِ المطرِ على جسدِكَ

المائِيّ ولفوا أشلاءَك بمؤتمرٍ
صُحفيّ وهتفت نساؤُهمْ:
ما أجملَ بيتَنَا الجديد،
أصبحَ المنفى بيتَنَا
ووطناً للغرباءِ عن هُوِيَّتِنَا
مشينا آحاداً كيومِ الدين
كلنا نُشبِه الموتَ.. وعيونُنا
مصلوبةٌ كأعمدةِ دخان
عسكرٌ وآلةُ موتٍ ودماؤُنا
الأبدية.. تُقدِّسها آلهةُ الحرية
تمشي الغربةُ في أجسادِنا
ويلهثُ الأطفالُ
ترسمُ حلمَ والديْها
يا أبتِ:
روحي في جسدي
لا تتبعُني..
وتجلسُ خلفَ الحريةِ

كالمتسوِّلين

مرهقٌ أنا

وفي غربتي نكبةٌ وعيد

عائدٌ أنا

وتذكرتي خلفَ البندقية

يا أبتِ:

أللعودةِ موعدٌ!؟

والزمانُ خلفَ المكانِ بشبرين

وكنّا منذُ الأزلِ أبداً في العينين

يقول أبي:

وهل يخلو النظامُ من العشوائيّة؟!

ويبقى الماءُ في اليدين!؟

ألمْلِمُ أشيائي كأني على

موعدٍ منها

ويغادرُ أبي مرتّلاً:

بين الموتِ والولادة

تنثرُ الأبديةُ رحيقَ العودة،

بين الموتِ والولادة

تولدُ ألفُ فلسطين،

بينَ الموتِ والولادة

للقدسِ عائدون، للقدسِ عائدون، للقدسِ عائدون

بيتي في ساحةِ الأقصى ركام

بيتي في ساحةِ الأقصى ركامٌ
وصلاتي مقيدةٌ بسلاسلَ بوليسية
على جسدِ الأطفالِ تغتالُ الحرية
وتبكي العذارى في زنزانةِ
رجالٍ غرباء،
يحلمنَ بليلةِ عيد
ووطنٍ يهبطُ من السماءِ
كلما أتوا بنبيءٍ عسكري
ومهاجرٍ همجي
يرسمُ أحلامَهُ فوقَ وسادتي
ويملأ شخيرُه رئتيَّ
يريدني ميتاً ومن أضلعي

يصنعُ بيتاً

يريدني كقطعِ الشطرنجِ

تحرّكها أو لا تحرّكها

يريدني أيَّ شيء

ليس هنا..

وكُلّي شيءٌ هنا..

يريدني أحمقَ

لا أدركُ ما في سلتي

يريدني خائناً

لا اسمَ في محفظتي

يريدني كافراً

لا أتوضّأُ لصلاتي

يريدني ركاماً مجردَ كلامٍ

لا لغةَ أتقنها

ولا بندقيةَ أحملها

يريدني حذاءً ينتعلهُ

وكلبَ صيدٍ يدرّبهُ

هكذا تريدني هكذا حلُمتَ

ربما هكذا أكون،

إن عُدتَ من حيث أتيتَ

رصاصة لم تعد تقتلني

سرقتُ قاربَ الجنودِ

وأعدتُ حبيبتي من قيدِ

الأقزامِ..

كسرتُ قلمي نصفين

فانتفض مكابراً:

يمكنهم قتلُ الجسدِ

وهدم البيتِ

فوق البنتِ والولد

ويشيعُ فوق بلدي بلد

لكنهم أصغرُ من كلمةِ

حقٍ لا يبالي بها أحد

ليَ في الركامِ قلمٌ

ووطنٌ يعيد الأمسَ
ظلهُ كلَّ غد،
يحملُ القاتلَ والشهيدَ
والخائنَ والطاهرَ
الأبيضَ والأسودَ،
لغتي المشردةُ لغتي الشهيدةُ
لغتي المكابرةُ لغتي المارُّون
عليها بأحذيتهم الباليةِ لغتي،
أفقدوها عذريتها وادعوا
الأبوةَ،
سرقوا حتى أحذيتَها
وبشّروا بالنبوةِ،
خلعتُ من جسدي روحين
رصاصةً لم تعد تقتلني
وزنزانةً لم تعد تأسرني،
فصرتُ كالوحي بكلمتين:

حقٌّ في الترابِ لي رائحتهُ
وحقٌّ في الحياة دون
إذنٍ من أحد

ركبنا القطار وأضعنا التذكرة

ركبنا القطارَ وأضعْنا التذكرةَ
وعندما سألَنا الجنديُّ
- إلى أينَ؟!
سَقَطَتْ دمعةٌ على جوازِ السفر
- التذكرةُ؟
في محفظةِ جدتي
أينَ جدتُكِ؟
تنفضُ غبارَ الموتِ عن عينيها
- لا سفرَ دون تذكرة
قفوا وأياديكم خلفَ رؤوسِكم
وجِبَاهُكُم في الأرضِ
حدَّقتْ بعينيَّ عينا فتاةٍ صغيرة
تقولُ لِي:

إنّها مجردُ إجراءاتٍ أمنية

لمستُ بيديَّ أطرافَ أصابِعِها

وهمستُ: إلى أينَ؟

شتات العالم

بحثاً عن جدتي

وأنتَ؟

أفتّشُ عن اسمي في جوازِ

سفر بلادي

ابتسمت، نظرَت إلى الجنديِّ

وسألتْني.. أتتحدّثُ العبريةَ؟

نَعَمْ

سلْهُ شَربةَ ماءٍ

فردَّ الجنديُّ:

لم تنتهِ التحقيقاتُ بعدُ

نظرنا عبرَ النافذةِ وضحكنا

أكتب لأصبح جندياً

أكتبُ لأصبحَ جندياً
وأقرأَ الصحفَ الباليةَ
في ذاكرتِهم،
وأجرّد الحاضرَ من
آهِ الأمس،
جندياً أصيرُ في غفلةِ القدر
وسارقاً لرغيفِ خُبْزٍ ولِلمطر
أتعلّمُ المَشْيَ خلف ستائِر الموتِ
وأفتشُ في ذاكرتي عن منفىً
أحملُ أطفالي في سلّةٍ
وأحفرُ قبراً وأصنعُ الحلوى
جنودٌ نحن منذ ثمانيةٍ
وخمسينَ عاماً وأكثر

تستعبدنا أسطورةٌ تكتبُها
بنادِقُهم وحلمٌ تنسجُه
أشباحُهُم على وجوهِ الأطفال
ينكسرُ غضَبُهُم فتاتَ خُبزٍ
وتَعترِفُ بنادِقُهم بِخطاياها
وتبكي أحذيتهُم عندما يُصلُّون
جنودٌ نحن منذ ثمانيةٍ
وخمسين عاماً وأكثر
ألفُ بلدةٍ نامتْ على
وسادةِ القبرِ وحَلُمَتْ
بفتاةٍ تعرِفُها
تلك الفتاةُ ما زالت
تشربُ الليلَ في ذاكرتِها
وتنتظرُ فستانَ العيد
تلفُّ شفتيها بأناشيدِ الصيادين
وقدميها بأرضِ فلسطين،
أصيرُ جندياً كلَّما رأيتُها
وتصيرُ أسطورةً كلَّما

بحثَت عني..

– أراكِ حزينةً

أراكَ تائِهاً

شربوا قهوتي وحرقوا كُتبي

– قصوا ضفائِري وباعُوها

للسَّلاطِين

أشبِهُكِ

أشبِهُكَ

ماذا تعمل؟

لا شيء.. ألملمُ صوراً

منذ ثمانيةٍ وخمسينَ عاماً وأكثر

وأتعلم اللغةَ العربيةَ

وأنتِ؟

– أدرسُ معانيَ جديدةً للغربةِ

في ذاكرةٍ ومنفىً

أراكِ مرهقةً

– أراكَ جندياً

إجلسي لترتاحي

- قِفْ وكُنْ يَقِظَاً

مِمَّ!؟

عقاربُ ساعةٍ ولغةٌ (عربرية)

لا أفهمكِ

ستفهَمُني عندما تلتقي الحرية

متى؟

عندما تصبحُ جندياً

وبيديكَ مفتاحُ بيتٍ وكتابٌ

وبلادٌ عربية

ذاهبٌ أنا

أينَ؟

سأشتري ساعةً ومعجماً وبندقية

البذلة العسكرية

فتاتي لا تغيبُ أبداً
والشمسُ فوق حاجبيها جالسةٌ
لا ترقصُ والفستانُ الأبيضُ أسيرٌ
تمشي بإيقاعِ الموجِ فوق ضفائِرها
وخطى الموتِ على خدّيها
أزالوا أحمرَ الشفاهِ
وامتثل الدمُ فلسفةَ شاربيه
عيناها تفتشان في جزيرتي
عن آثار الموتِ في ملامحِ الرجال
وخلف عينيها رواياتٌ خبأتْها
منذ ثمانيةٍ وخمسينَ عاماً وأكثر
فتاتي تحفرُ في الغربةِ
أسماءَ البلدان وإن رفعوا

فوقَ أعلامِها الأزرقَ والأبيضَ

القدسُ تُصلي خلف البندقية

كالأمسِ ضحية

يا من يتعوّذُ الشيطانُ

منهم كيلا يُلحقوا به أذية

الحقُّ لا يُكفنه كذبٌ ولا

تُخفيه نظاراتٌ شمسيةٌ

فالحرية لا تلدُ إلا الحرية

فتاتي تُتقن الموتَ والحياةَ

والأسرَ والحريةَ

والغربةَ والعودةَ

فتاتي آتيةٌ، باقيةٌ

غدُها كيومِها

فيه البارحةُ مقيمةٌ

تُزهر الألوانُ فوق جسدها

بأثرِ الموتِ فيه..

أبيضَ، أسودَ

أخضرَ، وأحمرَ.

أنا الأمسُ آتيكَ بغدٍ

لغيرِ رجعةٍ يؤويكَ،

أنا الأسيرُ أسيرُ حرّاً أقيّدكَ

أحوكُ من موتي بذلتي العسكرية

وأعزفُ عودتي ألف سيمفونية

ما الحرية؟

أكمَلَت خطابَها وفي
غرفةِ اللاجئين للحرية
سألها المجهولُ ما الحرية؟
ضحكَت وغابت،
وفي عزلةٍ من جسدِها قالت:
أن تكتبَ كأنّك تقرأ
أن تفارقَ كأنّك تَعشق
أن تموتَ كأنّكَ تُخلق
وأنتِ؟!
عقدت حاجبيها وحَدَّقَت
ملكتُ يومي ونصفَ غدي
ذات مرة..
والآن؟!

أفتشُ عن الغدِ في عتمةِ
الجرّةِ..
لكنّ الرحيلَ عن أي شيءٍ
كالعودةِ إلى كل شيء
لا أفهمكِ!
ضحكَت، حملَت سلةً باليةً
حذاءً وكتاباً وتنهدَت:
بين الحريةِ والموتِ
والأمسِ والغدِ
طريقُ عودة

كلب يعلن الاستقالة

في (بيت لحم) أتى كلبُ
الدولةِ الفرعونية
يحملُ صفاتهم الرجولية
حول امرأةٍ حافيةِ اليدينِ،
يجري دمهم في جسدِكَ
فأنت أفخرُ جنودهم
العسكريةِ، أعلم أنكَ
لو أدركتَ:
من هو معلمُك؟
لرفضتَ الخدمةَ
وأعلنتَ الاستقالة
جنودٌ يدلّلون الكلبَ طاعةً
فيصبح جنديّاً يفخرون

بانتمائهم الجديد..

كلبٌ للجنودِ قائدٌ عسكريٌّ

يعقد فكّيهِ حول زنديكِ

الطاهرتينِ فلا تحزني

يا سيدتي..

ما من طريقةٍ لنطهِّرَهم

سوى شمٍّ رائحةِ الآدميةِ فيكِ

فيعلنُ التمرّدَ مرتين،

على تجنيده في معسكرٍ إسرائيلي

وعلى انتمائِهِم الآدمي

في بيتي عيد ونكبة

في بيتي عيدٌ ونكبة

ودماءٌ سوداءُ وعتمة

سالت دماؤُنا

شموعاً تضيءُ

لياليَهمُ العنترية

وأضحت دموعُنا

شهاداتِ تقديرٍ عفوية

كان لي بيتٌ وجدةٌ تَحوكُ

أحلامي فوق وسادَتِها

وأمي تجمعُ رائحةَ الترابِ

في حِجرِها وبعد موتٍ

وموت.. فقدت جدتي

كبكوبةَ الخيطان وجلس

89

أبي في حضنِ الأطفال
يحكي عن وطنٍ ويرسمُ هُويَّة
في يومٍ تُشرقُ الشمسُ مرَّتين
يحضرُ القمر لشعبين
امرأةٌ تحملُ صرخةً بين
جَوانِحِ أطفالِهَا
وتُرتِّل: بلادي هي بلادي
وامرأةٌ خلفَ الجنودِ ترقص
تلك البلادُ ستصبِحُ بلادي
في بيتي عيدٌ ونكبة
ودماءٌ سوداءُ وعتمة
المكانُ يلملمُ حُلمَهُ المقتولَ
في غدي والزمانُ ينتظرُ
حكاياتِ غربتي
كان لي بلادٌ تمشي فوقَ قامتي
كلَّما حَنّيتُ يديهَا
لي بلادٌ نمشي فوق قامتِهَا
ونسرقُ دمعتهَا

كان لي حريةٌ ترتدي مِعطَفي

وتحملُ بين شفتيها رائحتي

لي هُويةٌ تذوبُ في المساء

وفتاةٌ شقراءُ تُعلِّمُني النومَ والاسترخاء

وقفتُ ويدايَ مكبّلتان بفراغِ

الموتِ حولي

رحلتُ وما زالت تسألُني؟!

ربما هذه مدينتي ربما وطني

ربما بيتي أعرفه ولا يعرِفُني

نموت فيولد

وطني واحدٌ
أنا واحدٌ وهم كثر
أنا وطنٌ داخلَ وطني
لي أبعادي المرئيةُ
وغيرُ المرئيةِ
لي أسماءُ بلادي الأعجمية
وركامٌ أظنه كانَ بيتي
ويظنني زائراً أجنبياً
تُعجبه ملامحُ الموتِ
في القصيدة..
سألملمُ أشلائي ودمائي
وأرمّمُ دهاليزَ الذاكرةِ
وأمسحُ بالدمعِ حذائي

وأعاهدُ الليلَ والنحلَ

أصيرُ موتاً غيرَ تقليديٍّ

يحملُني المكانُ وأحملُهُ

يفرّغني الزمانُ وأفرّغه

في ذاتي المكانيةِ الأبديةِ

وطناً خلف القضبانِ

أرسمهُ شيئاً واحداً

ويرسمني أشياءَ كثيرة

نولدُ فيولدُ نموت فيولدُ

نُسجنُ فيسجن حرّاً

في ذكرى تأبى الأسر

ذلك العصفور

ذلك العصفورُ

يقطنُ البعيدَ من الوادي

عتمته الأبدية كنورهِ

المُهشّمِ

يكبّلهُ السرابُ بأطرافِه

البيضاءِ ويحلم

يشربُ من ماء عينيه

يخبّئُ شعاعَ الذكرى

خلفَ الهواءِ المثقل

بتناقضاتِ الوقت

يرسمُ الصُدفةَ

عروسَ المستحيلِ

يبدل ريشهُ كأنّها

الولادة

ينثرُ خلفَ أحلامِهِ

رمادَ البارحةِ

كأنّ الغدَ أبديُّ البدايةِ

ترقمُ الغربةُ أحلامَها

في عينيهِ ويعلم

أنّهُ المارُّ فوقَ

ذاتهِ.. غريب الأطوار

كفوضى في مرسمْ

حراسها استشهدوا

أسلاكٌ شائكةٌ وكلماتي
بنادقُ معمّرةٌ وخطواتي
داء أدويتي وأنّاتي
يدعونه وطني

يرتدي الجنودُ حذائي
ودمائي ترسمُ الحدودَ
وأسمائي سلسلةٌ وقيود
يدعونه وطني

كعشوائيةِ الوقت
في أذنِ الصمت
فلسفةِ المُهوّدين

96

مجرورٌ أو نعتٌ

يدعونه وطني

أيّها الطفيليون فوقَ

ألوانِ وردتي

وطني دمعةُ جدتي

وذاكرةُ جدي

سيدةٌ عذراءُ

حراسها استشهدوا

وبقيتم أنتم

كلُّ ما لي ليس لي

داخلُ ردائي ليس لي
(فوقُ) ردائي ليس لي
وكلُّ ما لي رائحةُ جلدي
وكلُّ ما لي هذيانُ غدي
في وكرهِ تسقطُ عاشقتي
وتنكسرُ مخالبي داخلَ
جسدِها الزهريّ
داخل عينيَّ ليس لي
(فوق) يديَّ ليس لي
وكلُّ ما لي رحيقُ
البارحةِ أو موتُ نكرة
داخل حُلمي ليس لي
تحتَ وسادتي ليس لي

وكلُّ ما لي خُطى فتاةٍ

أرهقتها الغربة

داخل قصيدتي ليس لي

(فوق) منضدتي ليس لي

وكلُّ ما لي آه الحبرِ

فوقَ الورق

داخل وطني ليس لي

ظلُّ جفني ليس لي

وكلُّ ما لي عيونٌ

أضنَاها الأرق

داخل الأنا ليس لي

وكلُّ ما لي ليسَ لي

عناكبُ الذاكرة

هذا ما تنسجه عناكبُ

الذاكرة من غبارِ الكلام

تحت أحذيةِ المارين..

هذا ما يرتّله الهذيان

في معبدِ الشّعرِ بغير

محاربين

نرتدي كلاماً أعجمياً

في قصيدةٍ مبتورة

العناوين

تلك الكلمةُ حسنة

الهندام وتلكَ تُربكُ

المستمعين

نُجهضُ بين سيجارةٍ

100

وأخرى نصراً من
ذكرى حطّين
ونربط (الجرافتا) فاليوم
ذكرى شهداء
صلاح الدين
مررتُ ببكاءِ طفلِ عامِ
ثمانية وأربعين
عندما سألتهُ
أينَ المقيمون؟
لوّح بيديه وقال:
خلف الطيرِ رائحةُ
موتٍ ومتمردون
يرشّونَ من عبء
الحياة ياسمين
وأنتَ؟
سأكبرُ يوماً
داخل محفظتي
ماذا هناك؟

وصية جدتي
ودماء حريتي
تلفها رائحةُ الزيتون والتين

وطن ربما يُشبهكَ

تسيرُ.. أسير
كالوقتِ في حفرةِ
عينيكَ المعتِمَة
وتخشى السقوط
في نهرِ دموعِكَ
المظلمة
خذ بعضاً من مدادِ
ليلكَ وارسم في
الفجرِ غداً يُضيء
سواد حبركَ وانثر
من ثرى روحِكَ

حباتِ حرية تعيدُ
للطيرِ عُشّهُ
ووطناً ربما يُشبهكَ

الورد في عيونِ الغرباء

غصنُ الزيتونِ أو موتُ
الطير في حدودِ السماء؟

وقتاً نقيّده أو مساءً يغيبُ
تحتَ رداءِ النساء؟

أحملُ قبري وأمشي
ووطني وأمشي
ونعلايَ تمشيان فوقَ
رأسي كفتاةٍ عذراء
فإن سألوك عني؟
قل:
متُّ في حيرةٍ من أمري

105

لا أذكر اسم أمي..

وأمي تناديني بشيءٍ من غباء

فاغفري لي أُفّي

يَسهُلُ النسيان على فتىً جُلُّ

ما يعرفهُ حفلاتُ الرقصِ

ونزواتُ النساء

فاغفري لي إن قتلتكِ

ومشيتُ خلف نعشكِ أرشُّ

الوردَ في عيونِ الغرباء

في جيبي بطاقة

في جيبي بطاقةُ موتي
ورقمُ زنزانتي
ليس الموتُ صعودَ
الروحِ إلى السماء
الموتُ تفريغُ الحياةِ
من حقِّ الحياة

في جيبي محفظةُ
عدوي وشيءٌ من بارحتي
ولا أعرفُ غير تطريزِ الكفن

في جيبي قنديلُ جدتي
لا وقودَ في حوزتي

غيرُ كلامٍ عن الوهن

في جيبي قلمٌ وسمٌّ
في إبريق
أشربُ السمَّ
وأكتبُ شهيداً في التحقيق

في جيبي حجرٌ ومقلاع
لكنَّ حُكماً ما في بلدٍ ما
يمنعني من حقِّ الحجارة
إذا ما أصغيتَ إلى المذياعِ
تعلم أنّكَ (إرهابيٌّ) منذ
الرضاعة

في جيبي وطنٌ ومِفتاح
ثقبوا الجيبَ سقطَ الوطنُ
وظلّ المِفتاح

قل ولا تقل

على شرفةٍ يطلُّ من

قبري حرفٌ ينزفُ حبري..

قل ولا تقل

المهم تنفيذ أمري

ذلك اسمٌ سياسي

وتلك دولةٌ فوق الحساب

لكني شاعرٌ غير عاديّ

ولا أخافُ قطع الرقاب

قل للجنديِّ قاتلٌ

وللسياسيِّ قاتلٌ

والمدني قاتلٌ صمتُه

ولو شاء منعَ (الإرهاب)

دولةَ (الإرهابِ) أنتِ

ضحيةٌ لو جمّلوا وجهكِ

لا أخشى أسرَكِ

في كل شبرٍ بيتي

مذبحة أطفالٍ أردْتِ

كذلكَ صوَّتَ شعبكِ

يا دمعةَ أطفالي لا تسيلي

بتروا يديَّ وسرقوا

حتّى منديلي

يا دمعةَ أطفالي لن

تجفي حتّى

نعيدَ لك الحقَّ فوقَ كفي

البندقية

أسقطُ كما تسقطُ البندقية
من كتفِ الجنديِّ
يُطلق رصاصةً تقتلني وأغادر
كأنِّي الموتُ لستُ وحيداً
على الترابِ حفنةُ
حصىً ترسمُ شكل موتي
وسيدُ الظلام ينتظر..
تروي العتمةُ للنورِ قصتي
أسقطُ كما يسقطُ
الهدوءُ في الضحى
أبتسمُ لغدي وأهذي:
وطنٌ، سريرُ موتٍ،
وحلمٌ أبيضُ يندثر

أغتربُ كما أشاءُ

أقبّل أشياءً تُشبهني

حجراً وتفاحةً في الغدِ

ألفّ جسدي برداءٍ

خلعته امرأةٌ بعدَ موتي

وأنتظر لا أحد

حبات القمح الأزلية

جمعتُ حباتِ القمحِ الأزليةَ
وسكبتُ من خمرةِ الموتِ لحظةً

شربتُ من زهرِ الحياةِ الأبدية
ومشيتُ بغير الوقتِ المنسيّ
حتى تنبّهتُ لهلالٍ شدني
إليهِ ظلّه فنمتُ بغير
أرقٍ سرمدي

قمتُ من غدي ذات مرةٍ
ومشيتُ خلف البارحةِ
أنسجُ من رحيقِ
حاضري حلميَ المُبهم

عندما تُجهَض الحرية

وأرتّل يومي بنشيدِ أمسٍ
صادروا أرضَه ومحراثَه
وثوبيَ الأسود

غفوتُ فوق جسدي لأحلمَ
إذا بي جثةً
داخل حلمي أسقطُ
داخل ليلٍ اغتربَ فوقَ
فراشِهِ

فهذيتُ وكلما صحوتُ
رميتهم بحجرٍ ورموني بقنبلة
ابتسمتُ حينَ قالوا لي:

وجودي خطأٌ استراتيجي
يرادُ بي منفياً
إقامتي عملٌ (إرهابي)
شيّدوا لي سجناً

114

تاريخي وهمٌ حضاري
صنعوا لي فيلماً

يشاهدهُ أبنائي ويضحكون
يشاهدهُ زعمائي وينامون
يشاهدهُ أعدائي ويسخرون
قلتُ لهم:
لي حباتُ قمح أزلية
تنبتُ فوقَ قبري
تحملُ ترابَ وطني
كلما سقطت من يديَّ
ولدتُ من جديد

أبارتهيد

المكانُ يضيقُ
بنا والوقتُ يفقد
عذريتَهُ..

لا أنتَ أبديّ
ولا أنا منسيّ
في عتمةِ الترابِ وخيامِ الموتِ
(أبارتهيد) لن يكون

في عكا والقدسِ
ويافا وحيفا
(أبارتهيد) لن يكون

حيثُ الحريةُ تصطادُ

الموتَ وتطرّزهُ رداءً

للزهرِ وصمتِ السجون

(أبارتهيد)

لن يكون

رحيقُ الكونِ

في الأفقِ البعيدِ

أسرى رصاصةٍ ومجنون

لا يدركُ أنَّ الحياةَ لا تلدُ

إلاّ الحياة في أسرٍ

أو منفىً تكون

سندخلُ من خرمِ الإبرة

ونحوكُ على شاطئ

الموتِ..

رداءَ الحريةِ نرتديهِ

وبهِ نكون

لستَ بنبي

يمرّ بي الظلُّ الأسودُ للموت
بنظرةٍ خاليةٍ من الوقت
كأنّه يقول لي:
الموتُ والأسرُ
بديهيةُ الصمت
يراودني إطلاقُ نار
التفتُّ إلى الجوار وإذ
بي متُّ
أغادر موتي قليلاً
أضبطُ ساعتي دورةً للوراء
أحملُ سلاحي وأنتظر
يمرُّ بيَ الظلُّ الأسودُ
كأني ألفاً منهم قتلت

ومنذ الصغرِ أتعلمُ
كيف أغادرُ الموتَ
في صمت..
ثمّ أعلو المنبرَ
وأردّدُ حيٌّ أنا
ما سقطت..
أجمعُ شتاتَ اللحظةِ
وأسأله: ما بكَ تؤجّل قتلي
يجيب:
عصا موسى وأنت
لكنّكَ لستَ بنبيّ!
يردّ:
لكنّي كثيراً منهم قتلتْ

آتيك يوماً

آتيكَ يوماً أنتصرُ
فيه عليكَ
وأبدّدُ وهماً من
دمائي نثرت
فالحربُ معاركُ
وخطوةٌ أولى بدأتَ
لا يهمُّ في أي طرفٍ
من الرقعةِ جلستَ
وأي لون اخترتَ
وكم دورةً ستدقُّ
عقاربُ الساعةِ
بينَ يديكَ..
آتيكَ يوماً يُدهشكَ

كثرةُ الموت فيه

يكون ذكائي أشبه

بالقدر وما آمنتَ

فأكبّلُ في السراب يديكَ

سأنتصرُ عليكَ ربما قريباً

فحانَ لكَ أن تأرقَ كثيراً

أن تموتَ كثيراً

وتضعَ تحت الوسادةِ

بندقيةً ووصية..

سأنتصرُ عليكَ بسلاحٍ

صنعتهُ يداكَ..

ووهم اعتملَ في ذهنِكَ

وحلمكَ

فتلك الوردةُ ما زالت

تزيلُ الشوكَ من عينيها

وتبصرُكَ..

خطرت لي فكرة

خطرت لي فكرة
أبيعُ الأرضَ والمفتاح
وأرتدي ثيابَ السيّاح
وأواعدُ فتاةً شقراء
لا تميّزُ الدمَ من
أحمر الشفاه

خطرت لي فكرة
أرى الدنيا بعينِ قاتلي
فأمنحه وسامَ سلام
أُهجّنُ قصائدي
بحبرِ الحاخام..

خطرت لي فكرة
أرى الظلم عدالة
والقتل شهادة
فالجريمة راية حقٍّ
تلوّنها ابتسامةٌ
في محاكم الغرام

خطرت لي فكرة
أغيّر ديانتي ووسادتي
ولا أفتح حتى نافذتي
وإذ قيل لي من تكون؟
أنا الحاضرُ وهذه رزنامتي
اسمٌ وأرقامٌ تُدعى هُويَّتي

خطرت لي فكرة

عمليةٌ جراحيةٌ تجعلُ

الرجال نساءً إذا ما

وقعَ علينا اعتداء

نصرّحُ:

لا حول لنا ولا قوة

تابع سيرك..

عندما تنظرُ إلى الآخرينَ

تابع سيرك..

عندما ينظر فيكَ الآخرون

تابع سيرك..

عندما يستوقفك أحدٌ، قف

وتابع سيرك..

عندما تضطر للمكوثِ في

مكانٍ ما في وقتٍ ما

تابع سيرك..

عندما تكفُّ عنِ الأحلامِ

تابع سيرك..

عندما تهجرك فتاةٌ

تابع سيرك..

عندما تفقد التذكرةَ

تابع سيرك..

عندما تتغيّرُ تابع سيرك..

عندما تتأخّرُ تابع سيرك..

عندما تسقط في العتمةِ

تابع سيرك..

عندما تخرج إلى النورِ

تابع سيرك..

عندما (يأسرونك)

تابع سيرك..

عندما (يحرّرونك)

تابع سيرك..

عندما يقتلونك

تابع سيركَ..

عندما يسألونكَ متى تهدأ وترتاح؟

ابتسم، وتابع سيركَ

127

ما بِكَ؟

ما بِكَ لا تُزهر في عيونِكَ
رائحةُ الحياة
والحريةُ ثمالةٌ في كأسِ
غدٍ تبلّلهُ دموعُ البكاة

ما بِكَ تنفضُ عنك
أحلامَ الصّبا
وهل تَقهرُ الدبابة الرؤيا
أو كلامَ الحكوات؟!

ما بِكَ كلّما شربتَ
القهوةَ تنهار
مرارة البارحة أو

ندى الأزهار تجفُّ
من كثرةِ المبيدات

ما بِكَ تخافُ الأحلام
أم أنك معتقلٌ قبل المنام
فتُسأل على أي جنبٍ تنام؟!

ما بِكَ كلّما سألوكَ من أنتَ؟
بانت في وجهكَ ابتسامةٌ بلهاء
ورميتَ في وجهِ سائِلكَ
هُويَّةً زرقاء..

ما بِكَ لا تعرفُ
كم حرفاً يُكوِّنُ اسمكَ
أم أنك أضعتَ العلم
وحقَّ الكلام

إلامَ تنظرين؟!

سوادُ عينيّ معتمٌ كسجني
قامتي أكثر طولاً كأحلامي
يداي فوقَ رأسي كالركام

إلامَ تنظرين؟!
أنسيتِ شكل صوتي
أم أنك تمازحينني قليلاً
فاعذريني إن نسيتُ
ابتسامةً في الخيام

إلامَ تنظرين؟!
هو ذا كتابي الوحيد
غلافٌ ممزّقٌ وعنوانُ

سريرٍ أضعتُ فيهِ

أسماءَ البلدان

إلامَ تنظرين؟!

لستُ الغضبَ اليافعَ

لستُ الحرَّ بين يديكِ

فالأسرُ يا سيدتي

يشوّه معنى السلام

فأنا لا أحلمُ بكِ

لستِ سوى مدادٍ

فوقَ قصيدةٍ من رخام

كيف أجد لي منفىً؟

أُصغي إلى دقّاتِ قدمي

أسبقُ الوقتَ بقليلٍ

كيلا يأخذ حقي منَ الذكرى

وأكوي قميصي جيداً كيلا

ينكمشَ بصمتِ الغربة..

لا أحمل ساعةً في يدي

كيلا أُرهقَ أحلام الخُطى

لا أتْبَعُ أحداً ولا أسألُ أحداً

كيفَ أجدُ لي منفىً؟

أربطُ (الجرفتا) جيداً وأفتّش

عن امرأةٍ سَلَبتْها القصيدةُ

معنى الحياة..

أمكثُ في حِضنها بعضَ يومٍ

132

وأرمي حولَ خصرِها
فتات الذكريات..
أتوقُ إلى سيجارٍ كوبيّ ونبيذٍ
زمزمي يعيدُ شكل اسمي
في الشتات..
في الفجرِ لا أستفيقُ
في الضحى لا أستفيقُ
وفي الظهيرةِ أرتدي (الميتروهات)
لا أبحثُ عن عمل أو أمل
أكتفي باستراحةٍ
في قصيدةٍ لا يقرؤها
إلاّ اللاجئونَ والآنسات
وأزورُ قبرَ الفلاسفةِ والرسّامينَ
والشعراءَ والنحّاتينَ أقتسمُ
معهم بعض الممتلكات

حذاء جديد الصنع

على سنبلتي آثار حذاءٍ
جنودٍ جديدِ الصنعِ
جسدها مهشّمٌ كطيرٍ
سقطَ من السماءِ
وجهُها شاحبٌ كابتسامةٍ
فُضَّ غشاءُ بكارتِها بالكهرباءِ
سقطَ على الترابِ أحد الأبناء
حملت قليلاً من أشلائِه ورحلت..
وبّخت العدوَّ وقالت:
عائدةٌ..
زُجّت مقيدةً في حفل زفافِ
عريسها الجديد
(قصيدة المنفى) والمنفى

أنيسها الوحيد

ذهبت إلى السوقِ تبتاعُ ما

لديها من أزهارِ الجليل

لتشتري قوتَ يومها وتعلنَ

التمرّد على المستحيل

تُنجب فتيات كثيرات

وبضعَ بندقيات تصدأ

من كثرةِ التجميل

وتنتظرُ موتهم على

شرفةِ الوقت اليتيم

تذهب إلى السوق مرّةً أخرى

تَعرضُ في المزادِ

ملابسها الداخلية

وتلعنُ الوطنَ

بالشيطانِ الرجيم

وحدك الآن

حين تدركُ أنك وحدكَ
وفي سلّةٍ مهملةٍ
صور حياتك
تودُّ الموتَ ولو قليلاً
ربما تعثرُ على رداءٍ يناسبكَ

عندما تسيرُ بمفردِكَ
فإنكَ تخافُ الآخرين
وأحذيةَ المارينَ صدفةً
فوقَ قبعتِكَ..

عندما يشتعلُ النورُ

خوفاً في جسدِكَ
فإنك تفرحُ بموتِ
عدوّكَ، ولا تقصدُ
قبورهم فتدرك أنه قبركَ

عندما يأتونكَ بشمعةٍ
أشعلوها قبل مجيئِهم
أطفئها في حضرتهم
وأشعلها من زيتِ بيتِكَ

عندما لا تقدرُ على الكتابةِ
ويصبحُ الظلامُ سيدكَ
نمْ في سريرِهم
وتناولْ بعضاً من فطورهم
وكأساً من شرابِكَ

عندما لا تدرك أنك متّ

أم حييت

استرح قليلاً واقرأ كثيراً

عن غيركَ

لسنا بنفايات

لسنا بنفاياتٍ أو أغنياتٍ
يرمي بها
العدوُّ متى يشاء
عمرُنا ماءُ العشبِ
في الأرضِ والدأماءِ
وبيتُنا دمعة على
جبينِ الفقراءِ
لسنا فريسةَ صيادٍ في
فكِّ كلابهِ
هديةُ سلام إلى البشرِ
لو فتحَ كتابهِ
لنا في الجسدِ ألف موتٍ
وفي الروحِ حياة مؤجّلة

لسنا بكأسِ نبيذٍ في وجبةِ عشاء
لنا حريةٌ تلوّنُ جدران
الأسر بالأسماء
لنا من ريشِ النسرِ أجنحةٌ
ومن دمعِ القصيدة صيحةٌ
ربما تعيد إلى العروقِ بعض
الدماء

بستان

سـأبني فوقَ ركامِ المخيم

ضحِكَتي تخرج من لهبِ النار

ترسمُني بسمةٌ في أرجاء غرفتي

مستبشرةً دائماً وحطامُ

الحلم فوق مخدّتي

وألسنةُ النار تأكلُ

هديَّتي ربيعينِ من الحياة

الأولى وقد فنيت

يا أبي،

تركتُ البابَ غيرَ موصدٍ

سأراك قريباً نلعبُ سويةً

ونعيدُ الضحكة إلى فناءِ البيتِ

يا أبي،

لا تتأخرْ أن تخبرَ أحداً
أنّ النار التي أخذتني مرةً
ستأخذ عدوي مرة ومرة
يا أبي لي اسمان وفعلان
بستانٌ في المخيمِ
ودمعُ أمي
وبستانٌ في الجنة
لي بهِ مقعدٌ
يا أبي،
قل (للأونروا) ليسَ الغذاءُ
أو شربةُ الماءِ قضيتي
إنما الحياةُ في عالم
الموتِ قصتي
ليس المنفى مشكلتي
بل تاريخُ عودتي

وأخرى قرية مُهجّرة

وأخرى قرية مُهجّرةٌ

تعثرُ عليكَ

تنثرُ رمادَ أنوثتها في

سماءِ الموت

هي لا تنتظركَ..

تدركُ أنكَ لستَ بمخلِّصها

مهما دنوت

تعرفُ أسماءَ أخوتِها

أنتَ لا!

تُعاركُ أعداءها

أنتَ لا!

ترتدي لونَ حدادِها

أنتَ لا!

تضمّك إليها وتغفرُ لكَ
فأطعها حين تسألُكَ
ألاّ ترضى بغير الحقِّ
ينصفها فهي التي تقطنُ
العتمةُ والغربةُ أسرَها
وتجدلُ أعضاءَهَا قيداً
لا يُكسر.. وتنسج
دمعَهَا كلاماً لا يُقهر
تحفرُ في جسدِها قبراً يُذكر
كقريةٍ أخرى مهجّرة نفرحُ
في ذكراها كأنّها الحربُ
واليومَ نستردُّها
هنا بكى الغرابُ على
رحيلِ الصباحِ وسقطَ
العقالُ عن رأسِ الفلاح
وصار الطينُ غباراً
وظلَّ المفتاحُ يصدأ
ويلمعُ في حضنِ جدتي

ويحلمُ تحتَ وسادتي

برائحةِ العنبِ والتفاح

لا لجيلٍ.. يظنهُ

أهلُ القرية من السياح

أمير الشعراء

حيث لا ينتهي
الحلمُ أو ينتهي
في أعلى السنبلةِ
يمشي على حفنةٍ
من ملحٍ وركام
وينام في عشِّ اليمِّ
وصدى الأحلام
حيثُ النجمةُ تهوي
في أسفلِ الوعاءِ
حيثُ أنا وأنتَ
بقيتَ أو رحلتَ
حيث تدمعُ الوردةُ
آهِ السماء

واللغةُ بغير الألف والباء

حيث تُمطر الأرضُ دماً

ويشربُ البشرُ دماً

ويلعبُ الأطفالُ بالأشلاءِ

حيثُ يكتفي المؤمنُ

بصلاةٍ ودعاء

ويفرحُ الشاعرُ بقصيدةٍ

ترتّل غضَبَهُ

إذا ما نشرت الجريدةُ

وفاةَ وطنِه

يسعدُ بأمسيةٍ

تجعله أميرَ الشعراء

عندما تُجهَض الحرية

هذيانُ الوقت

مدخل

مررتُ بكِ والتصقتُ عمداً، أعجبتكِ رائحتي فبقيتُ يوماً، وحّدَني جسدُكِ فنمتُ غداً، عبثتِ بروحي، فصرتُ قصيدةً.

ربما أنا آخر أكون

صرتُ كغبارِ فراشةٍ
توضأت بها الأزهارُ
ورحلت..
كرجلٍ رفضَ الموتَ
أعجمياً فاعتنقَت
الذكرى روحَه
والفلسفةُ قلَمه
والبارحةُ غدُه تضيء
شمعةَ عتمته
وآخر، يقطفُ الزهرَ
من دمعها والليلَ من خدّها
ودمعتي تمرُّ بكِ تسألكِ
ربما أنا آخرَ أكون

ما أجملَ أن أهديكِ حريتي

ما أجمل أن أهديكِ
حريتي وفي قلبي
قنديلُ سفر..
كم هو قاتلٌ رَسْمُكِ
على شفتي رجلٍ آخر
قاسيةٌ هي أحلامك
أن تكوني لديه كالمطر
انتظركِ ألف لحظة
كقصيدةٍ نُثرَ رمادها
فوق القمر
انثري شعري بين عينيه
وتوضّئي بدموعي
واجعلي رائحتي

قارباً يأخذكِ إليه

واعزفي ذكرايَ

أمسيةَ عشقٍ

ترقصين بين زنديه

آه من رجل أضاع

الحلمَ فانكسر

وارتدى موتَ الغربةِ

فاندثر..

لفّت شَعرَها بمنديلهِ

وعانقت الغريبَ الآتي

– سأذكُركَ

خذي شيئاً من رجولتي

وقليلاً من حريتي

وارحلي بغيرِ أرقٍ

يبدّدُ حلماً آخر..

154

الدرس الأول

أين الرسالةُ التي تحملينها؟
وماءُ وجهكِ أتلفَه الكذبُ
تُدَلِّلينَ شفتيهِ برجولتي
وأنا من علَّمكِ رسم القُبل
أتذكرينَ الدَّرْسَ الأول؟
حين أبيتِ منحي حرارة
عِطركِ وسألتني:
كيف أكون تلميذةَ قيصر؟
والدمعُ يحرقُ خدي
مرة وأكثر..
داعبتُ أطرافَ خدّيكِ
فمالت على كتفي شقاوةُ
عينيكِ تسقيني شغفاً

من شفتيكِ فأطبقتُ

اسمي فوقَ اسمكِ

كليلةٍ بقمرين،

فأدركتُ أن للمرأةِ حالتَينْ

تلميذةٌ في حالةِ الهذيان

وقيصرٌ عند الرحيل

داهيةٌ أم غبية؟!

داهيةٌ أم غبية؟!

تُداعِبُ أحلامه

وتنتظر.. الهدية

كقصةٍ أضَعتُ

عنوانها في مكتبتي

أعوامٌ تَسَاقَطَتْ بين

يديها وكانت أجمل

حورية سلبت حريتي

أتقنَت العشق بعفوية

وبغيرِ عفوية

والهربَ كماءٍ يسقط

من يدي

تشتري لفراقِنا فستاناً

أبيضَ وترتدي الرحيلَ

ليلةً عاطفية، وتسألني:

أيكتملُ الحب عندما ينتهي؟!

ينتهي الحبُّ عندما يكتمل

انتظري.. مكالمة مني

انتظري مكالمة مني
وامشي خلف الوقت المزيَّفِ
- أنتظركَ ليلاً
سأشتري ساعة وأقيد هذياني
- أرتدي ألوانَ الأنوثة جميعها
رائحة جسدك هي الأجمل
- لي في حضرتكَ ضوءٌ
سأحضر
هي لا تنتظركَ أنتَ
تحب الكلمات حين تداعبها
أنتَ مرآة أنوثتها
- كذلك أحب الرجولة
معطفاً أسودَ في زقاقِ مدينةٍ

سُلبت هُويّتها

كذلك أحب الأنوثة

فراشةً مسافرةً في عتمةِ

جسدها تنتظرني

أسافرُ ومنفايَ

أسافرُ ومنفايَ

أعتِّقُ في طرقهِ حُريتي

وأجرِّدُ قهوتي من

خارطةِ ذاكرتي

كقصيدةٍ تخشى

إتمامها فتشبهكَ

كشمعةٍ يحترق نورها

عتمةً في حضرتِكَ

تضيء المنفى

ووحشةَ وسادتي

بأحلامٍ تسقطُ من يديَّ

في نهر مدينتي

أسافرُ ومنفايَ

أروّضُ الغموض

في قصيدتي

حطام زمني الأبيض

رحلتي كرسالةٍ

عتّقت حبرَها عتمةُ البحر

فلا تنظري إليهِ أو

تحاكيه لن يبوحَ

بشيءٍ أو يتعثر

وإن رسا فوق شطآنِه

حطامي لا تلملميه

لن يتأخّرَ

يأخذني بموجهِ العنتري

إلى عمقهِ الآخر

يحملُ حكايتي وما تبخّر

في مرسمكِ أرتدي ثوبكِ

وأرسمكِ بغيري

أشطبُ من اللوحةِ

توقيعي وأسألكِ:

أيَّ ثوبٍ ترتدين بعد عامٍ؟!

والبسمة تغترب فوقَ شفتيكِ

تتلونينَ بردائي؟!

تنتعلين حذائي؟!

أم أنَّ رائحة شِعري

ما عادت تغريكِ

يا لغة سلبت من

عينيَّ دمعكِ

ونثرتني حروفاً داخلَ

عينيكِ تُفرحك وتُبكيكِ

164

تلك الفتاة مدهشة

هَواها
كوقعِ المطرِ فوقَ الجليد
كشمعةٍ تضيء أرضَ الليل
أيقَنَتْ أنّها تحمل
خُبزي ومائي
وعَلِمَت كم هو صعبٌ
بيعي وشرائي
فسقطَت بين يديَّ كحلمِ
الأطفال في هدية
تُتقن الهمسَ في مملكتي
وتَحوكُ في عينيها
رداءً ورحلة
تزيد جمالاً كلما غابت

وتضيعُ في سفرٍ دمعةً
أبحثُ عنها كصدفةٍ
برداءِ حكمة

سفر عودتكِ

هو من يبحثُ عنكِ
في سفرٍ يخلعُ رجولتي
من يديكِ..
يرشُّ بعضاً من رائحتي
عساهُ يبعدني عنكِ
لن نؤجِّلَ همساتنا
ولنْ نرحَلَ بعيداً
قولي له:
ليس للموتِ عنوانٌ لدينا
ولكني.. سأهديه
ورقةً بيضاءَ وسفرَ عودتكِ

صاحب الدرهمين

لم أكنْ أعلم أنَّ للزمنِ ثوبين

وأنّ للعشقَ نقيضين

لكني أدركتُ:

أنَّ للفتاةِ عشيقين

شاعر وصاحبُ الدرهمين

لم أكنْ أعلم أنَّ للقصيدةِ

شـهيدين، تلك الكلمات

واللاهثُ خلف حرفين

لم أكن أعلم أنَّ

الاشتياق وهمان

ألوان تمزجها دموع

العين وكلام بلغتين

لكني أدركتُ:

أنّ الفرقَ بيني وبينها

أسـافر بينَ عينيها

وتسـافر لتهديه

الليلَ والقمرين

لم أكنْ أعلم أني

أرتدي عباءةَ الطير

ذلك الطير مكسور الجناحين

أسيرانِ

عادت والصمتُ في عينيها
بركاناً يخاطبُ جسدها،
ككلامٍ اختمرت عتمته
غضباً فأسرّت بكلٍّ
ما نذكره وقبّلتني
فدمعَت عينايَ
حين رشفتُ من ريقها
فطوقتني بعالمٍ كنّا
أسيريهِ ذات مرة

أنا وهي

كنتُ أنا:

كلما تنشقتُ أنفاسَها

فوق صدري

واشتريتُ عقداً بألوانِها

كانت هي:

كلما وهبتني فتاتَ الغربة

وعذراً يبقيني قريباً

كنت أنا:

بغير موعدٍ أنتظرها

كانت هي:

موعداً مؤجلاً

كنت أنا:

أقيدُ الوقت

والمكان قبل لقائنا

كانت هي:

تغادرُ المساء

كلما حضرنا

كنت أنا:

مثقلاً بدمعِ عينيها

كانت هي:

لا تحملُ منديلاً

كنت أنا:

أحيطُ الدنيا براحتي

حينَ أصافحها

كانت هي:

تتهيأُ للجلوس بعد ذلك

سئمتُ البحث عن غيرها

لأجدها،

سئمتُ أن أكون أنا وهيَ

ماذا تريدُ أكثر!؟

ماذا تريدُ أكثرَ!؟

أصبح الوطنُ منفىً

كجريدةٍ في مقهىً

الوقت رماديّ، ساديّ

يعجبه موتي بعيداً عنكَ

وبقيتُ أكثر

ماذا تريدُ أكثر!؟

عتّقتُ في جسدِكَ حريَتي

والغربةَ في سلّتي

وبحثتُ عنكَ أكثر

ماذا تريدُ أكثر!؟

173

بكَ اقتحمتُ ذاتي
وصِرتَ النصفَ الآخرَ
معكَ ارتديتُ ألوانَ
العشق جميعَها
من وقتٍ لآخر

ماذا تريدُ أكثر!؟
عبرتُ بقاربكَ بحري
وأتلفتُ في عمركَ عمري
ولو خُيِّرتُ لجذّفتُ
أكثر..

ماذا تريدُ أكثر!؟
خلعتُ من جسدي
ألف جسدٍ
ومن روحي ألف روح
وأهديتكَ أكثر

174

ماذا تريدُ أكثر!؟

منحتُ عمركَ عمراً

وعامَك عاماً

ويومكَ يوماً

ومشيتُ خلف

هذيان الوقت أنتظركَ

وما أتيتَ أكثر

ندمٌ على الطريق

لا تندمي على رحيقٍ

من العمرِ سرقناه

أو نغمٍ يقطنُ أجسادنا

فأنا أذكركِ كأجملِ

فتاةٍ نادتني باسمِها

وناديتُها باسمي

الزمنُ يمرُّ كحفلةٍ موسيقية

لا نذكرُ سوى صدى روحِنا

تعزف لأبدية العشقِ

من الليلِ ما أسرناهُ

خمرةً في كؤوسنا

أراكَ قريباً

أراكَ تأرقُ

أسمعكِ تتنهدين

لماذا لا تبتسم؟

لماذا لا ترحلين؟

أذكرُ لغة جسدِكَ ودلائِلَها

أُتقنُ فكَّ أزرار فستانكِ

وخباياه..

لقد تغيَّرتُ كثيراً

اشتريتُ بلداً ومقهىً

وخلعتُ ألفَ فستانٍ

قبل الرحيل

أتشربُ القهوةَ معي؟

لقد تغيَّرتُ كثيراً

177

اشتريتُ سيجاراً ومنفىً

وعتَّقتُ الحِبرَ في قلمي

لِنشرب القهوة معاً

متى تَعَلَّمتَ ربط (الجرفتات)،

وإتقانَ المَشي الهادئ؟

ما تأخذهُ الحياة منّا

نمنحُه لأنفسِنا بلغةٍ لا نعرفها

(أنتَ أنتَ)

تُفلسفُ الحروفَ وحركاتِها

(أنتِ أنتِ)

ترقصين خلف الستائر

كم تحتاجُ من الوقتِ لتَذْكُرَني؟

كم يحتاجُ الوقتُ ليُدْركَ أني أقيّده؟

كيف؟

أكتبُ ما لا يَقرأ

وأقرأُ ما لا يَكتب

هل شيءٌ تذكره عيناكِ؟

ألفُ دمعةٍ حاولت تشييعَ

178

روحي كيلا أذكركَ

كيفَ تذكرينني؟

صدفةً على رصيفِ

يومٍ جديد

وتحفةً نادرةً في يدِ

متسوّل..

كيف تذكرُني؟

صدى آهٍ في غربةِ القصيدة

أراكَ قريباً..

أراكِ دائماً..

179

ألا تشتري لها هدية؟!

شيءٌ ومضَ في عينيَّ

يسألني:

ألا تشتري لها هدية؟!

اليومَ ميلادُها قد عاد

وأنتَ في أزقّةِ عينيها

الأمس البعيد

تحملُ جوازَ سفرٍ

تُخبئه في معطفِها

كأنّها وُلدت من جديد

ألا تشتري لها هدية؟!

ولكنَّها تحملُ خاتماً بيمناها

وخلاخلَ في خُطاها

أأشتري لها هدية؟!

كم تناثرَ من سفركَ

غبارٌ فوق جسدها

كم غداً سافرتَ

وبقيتَ حلماً في بارحتها

ألا تشتري لها هدية؟!

هربَت، خلعَت رداءها

وأحلامي تدمعُ في عينيها

شطبَت اسمي من دفترِ ميلادها

أأشتري لها هدية؟!

قد مرَّت تسألُ عنكَ

تردّد اسمها بينَ

حروفِ اسمكَ

ألا تشتري لها هدية؟!

هي من زيّنت غربتي

قلادةً فوقَ صدرِها

وعانقت آخرَ

كأثمنِ هدية

أأشتري لها هدية؟!

ربما أشتري لها هدية!!!

181

بغيرِ إضاءة

رائعتي.. حلوتي الآتية
ترسمني لوحةً مغتربةً
ألوانُها صدفةٌ حائرةٌ
ربما موعدٌ يعيد لقاءَنا
يُجرّدني أو به أكتمل
تدخلُ مقهىً ألتقطُ لها
بعضَ الصور.. تسقطُ
الإضاءةُ في عتمتِها
ينعكسُ الضوءُ داخلَ
زجاجها الذهبيّ
أظهرُ في عينيها
برداءٍ ملائكيّ،

أبتسمُ أهجرُ المكانَ

وشيءٌ من نورها

يلمعُ في طريقي

كي ترحلي

ليس لديَّ ما أهديه إليكِ
كي ترحلي..
وما عدت أطيقُ
خوفي عليكِ
ليس الرحيلُ قاتلي
بل غربتي لديكِ
أنتِ الملكةُ لديه
لا تقولي شيئاً
عانقيه وقبّلي يديهِ
واذكريني معزوفةً
لا تُؤرّقُ عينيكِ

رأيتها

رأيتها وقد مضى شيءٌ
أخذ عينيَّ فخبأتها
رأيتها وبلحظةٍ اكتملتُ
عجزاً عن لقائِها
ربما أصبحَت حلماً
وشمعةً حانَ موعد إطفائِها
رسمتُ أمسي على
كتفي ومشيتُ
غابت شمسي
وقد دخلتُ مساءَها
رأيتها وقد مضى شيءٌ
يسألني:
لماذا تركتَها؟!

هكذا يكتملُ عشقي لها

وأكتملُ بها

وأولد في كل نظرةٍ

رأيتها.. وحين رأيتها

أيقنت أني ما زلت أحبها

في جسدي تقطن امرأة

في جسدي تقطن امرأة
سقتني من روحها
ماءً يُسكرني
ودمعاً يكبِّلني
فيؤجّلُ فراقَها لينموَ
على خدِّها أسري
ترمي في طريقي
أحلامَها كزهرةٍ
تُضيء عتمةَ روحي
كلاماً كنتُ لأقوله
وإنْ أبَت أَنْ تسمعَني

رسّام أنهكه الترحال

سـأغيبُ بين النطقِ وجسدكِ

أراوغُ الهذيانَ في عينيكِ

ألهثُ خلف الوقت ولا أقيده

وإن جرّدني الدمعَ

ذكراكِ أفتعلها

يا قصيدةً هذيانُكِ أنجبني

وشتاتُكِ وحّدني

فصرتُ بينَ الوحي

وهذياني ألقاكِ

أنا جليسُ ذاتي بعدكِ

أنا الرسالةُ والمرسلُ

وقارئُ الكفّ يسألُني:

صـدى امرأةٍ وفتات كلامٍ

ورائحة غربةٍ؟
الجسدُ منفى العشقِ الأبديّ،
والروحُ غربةٌ معتّقة

أنا، هي، هو

تُرى من يُدلّلها؟!

الجلوس في مقهىً

بغير ذاكرةٍ أم

تناولُ العشاءِ مع الآتي

تُرى من يسحرُها؟!

عيونٌ دامعةٌ تعتّقُ الاشتياقَ

كالعنبِ الإسبانيّ أم

التقاطُ صورةٍ لها

كلوحةٍ في مُتحفِ اللوفر

تُرى من يعشقُها؟!

القديمُ المتجدّدُ كالوحي

في عتمةِ القصيدة أم

الحاضرُ بتفاصيله

190

في بلادٍ أجنبيةٍ
تُرى من يُدهشُها؟!
موتي في زنازينِ
الذاكرةِ والجسدِ
أم سفرُها بأولِ
تذكرةٍ مع الغدِ.
تُرى من يفتقدُها؟!
أنا؟ هو؟ هي؟!

تكتمل أو لا تكتمل

ماذا يعني أن تفقدَها؟!

يصبحُ جسدُك منفىً

لنفاياتِ الغربةِ

فتعلم أنَّ العشقَ

دائمُ الولادة.. يحملُ

الفراقَ بين جناحيهِ

والصدفةَ تحملُ سرَّ منفانا

ماذا يعني أنْ تذكرَها؟!

تبقَى كالشهبِ تلمعُ

في دنياها كتذكرةِ سفرٍ

ربما فات أوانها..

ماذا يعني أن تضمَّ سواها؟

يشكو الجسدُ غربةَ الروحِ

وتشكو الروحُ أعجميةَ الجسدِ
ماذا يعني ألاّ تلقاها؟
تغدو هاجسَ الهذيانِ
في رؤىً وحلمٍ
ماذا يعني أن تنظرَ إليها؟
تكتملُ بها أو لا تكتملُ

بين القلم والمنفى

سأمنحكِ الراحةَ
بعد رحيلكِ
كيلا أذكركِ في الغيابِ
أو أراودَ حلمَكِ
سأفتشُ عن منفىً
أروّضُ فيهِ نسيانَكِ
وأشطبُ من ذاكرةِ
النساءِ ملامحَكِ
وأجرّدُ الجسدَ شهوتَكِ
أنتِ من أدخلني
خبايا روحي وأدخلكِ
أسقطني بين هذيانِ

القصيدةِ وأسقطكِ

بينَ القلم والمنفى

جسداً عارياً تكسوهُ

الروح دمعَ عينيكِ

سأكتفي بالعزف

سأكتفي بالعزفِ
كتنهُّدِك الأخير
وأكتفي بتوديعكِ
كسائحٍ أجنبيٍ
أستوقفُ نظرتي الأخيرةَ
فأصبحُ غريبَ المعالمِ
دونَ عينيكِ
البكاءُ منهكٌ
الضحكُ منهكٌ
أنعمُ بالغربةِ حين
تُجهِضُ الذاكرةُ ذكراكِ
فأكتفي بتمزيقِ إحدى
الصور على رصيف

موتي المؤقت
وأعزف أغنيةً وُلدَتْ
مع أول نظرةٍ
رأيتكِ فيها واغتربَت

تعوّدتُكَ

تعوّدتكَ

أنتَ ردائي في

جميع الحالاتِ

تعودتُ أن أراكَ

بلونِ عينيّ

شمعةً أذوبُ في عتمتِها

تعودتُ أن أنتعلَ

حذاءكَ وأرتدي عطركَ

وشيئاً لستُ هو

تعودتُ أن أغضبَ

بين ذراعيكَ

وأن أطيرَ بعيدةً عنكَ

تعودتُ أن أهاتفكَ

وأن لا أهاتفكَ

تعودتُ أن تهديَني

ظلَّ جفنيكَ

تعودتُ أن أدمعَ

داخلَ عينيكَ

وأن أشربَ

ماءَ شفتيكَ

تعودتُ لقاءَكَ

كأني ما التقيتكَ

يومي الفائِت

أحيا مع قصيدتي
يوميَ الفائِتَ
وأحيا مع هذياني
حاضري المؤجّلَ
ألملمُ تَبغي من ذاكرتي
كسيجارٍ أهملهُ بائعُ المتجرِ
يحملُ في لفافته رمادَ امرأةٍ
نفخهُ القدرُ في صدري وأدبر
أقيّدُ الّليلَ بين ذراعيَّ
وأشطبُ العتمةَ من
قصيدتي فأظهرُ
كأني على موعدٍ
جديدٍ قد تأخّرَ

أحيا مع قصيدتي
يوميَ الفائِتَ وأشربُ
كأسيَ المغتربة كغدي
لا الغدُ يعيدُ غاليَتي
ولا الغربةُ تملأُ كأساً أخرى

تلكَ القيود أنا

تلك القيودُ أنا
وأنا الريحُ الهادئةُ
تفتعلُ وجودي وتدثّره
بينَ غمضِ العينِ والذكرى
ذلك الكلامُ العشوائيُّ
بينَ أطرافِ القصيدةِ
إيّايَ يشطبني وأشطبه
ذلك الوقتُ الأسيرُ
بين جوانحي وذكراكِ
أنا المسودةُ الخاطرةُ
في كهفِ التأملِ
يحضركِ وأحضرهُ
أنا اللّاشيء الآنَ

في كلِّ شيءٍ كانَ

يملكُكِ وأملكهُ

بين الغدِ والبارحةِ

أنا المقيمُ بغيركِ وبغيره

قلم فُرِّغ الحبرُ منه

كزهرِ البرية فتاتي
تفنى في الترابِ ذكراها
رائحةٌ أبديةٍ كلما
لامس النسيمُ شذاها
كلحظةِ اشتياقٍ
تعيدُ ولادتَها
في كل دمعةٍ
كقلمٍ فُرِّغ الحبرُ منه
فيملأهُ رحيقُها
كآهِ نايٍ
تعيدُ لملامحِ العشاقِ
رجولتهم

فتاتي غائبةٌ.. مقيمةٌ

عائدةٌ.. راحلةٌ

كمعظمِ الفتيات

فتاتي ما عادَت فتاتي

أعجميّ داخل ذاتك

أنسجُ من رحيقِ
هواها معطفاً
ربما يحميني من
الغربةِ قسوةً
أرقِّمُ الوقتَ الذي تلاها
وأشمُّ رائحةَ البارحةِ
في يومي..
فالوقتُ يعرّيكَ من
روحكَ كلما أهملتهُ
فتصبحُ أعجمياً داخلَ
ذاتِكَ وإن عربتهُ
كنْ مسالماً وغربتكَ
وامضِ بغيرِ ألوانٍ ترسمُكَ

فالجسد ذاكرةُ الروح

بينَ موعدٍ وفراق

إن أردتَ المشيَ قُدُماً

إبحثْ عن رداءٍ

تناسبكَ ألوانهُ

تخلعُ قليلاً من

بؤسِكَ في زقاقهِ

فربما تسمع نبضكَ

تحت حذائكَ وأنتَ تدوسه

وما أنا إلاّ أنتِ

وما أنا إلاّ أنتِ

إذا ما نثرتِ شعري

ليلاً أهجرهُ قبلةً

كلما صحوتِ

وما أنا إلاّ أنتِ

أعتّقُ الحبرَ غربةً

تنثرهُ عيناكِ

سئمتُ العشقَ عارياً

وإن تجسّدَ الحُلمُ

بينَ ذراعيكِ

وما أنا إلاّ أنتِ

دمعةٌ تعيدُ تكويني

إذا ما دمعتِ

سُلبَ الغدُ من سلةٍ

أحملها في عتمةِ مقلتيْكِ

أمشي وخطىً تدوّنُ

الغربة بعيدةً عنكِ

تجمعني بشتاتي

وتوحّدُني قصيدةٌ تكرهكِ

ألوان الصمت

الكلام يكتمُ بعضُهُ بعضاً

فالمعشوقُ يقطنُ ما بين

الجسدِ والروحِ يضيئه

نورُ العاشقِ سراً

فيصبحُ العشقُ صدى

موسيقى تعزفُه ألوانُ

الصمتِ في العينين

إذا ما تبعْتَها تدركُ أنّها

الروحُ في جسدين

تكتمُ ما تسمعُه الأذنُ

ويخبّئه الجفنانُ

رمادُ الدمعِ يكسو الخدين

شيءٌ تضمه الذكرى
وآخرُ يمحوهُ ماءُ العينين

ما يزعجني حقاً

ما يزعجني حقاً

أني لا أفتعلُ أنفعالي

عندما ألقاكِ

أو تَخرجُ صورتُكِ من

صلبِ الذاكرةِ كالعدم

ما يزعجني حقاً

أنّي لا أجهدُ الوقت ليأخذَ

لي موعداً معكِ

أراكِ وفي عينيك

صورٌ تمرُّ بي حلماً

ما يزعجني حقاً

أني لا أجهد الذاكرةَ

لترسمكِ.. ولا الكلماتُ

212

عصيةٌ إذا ما كتبتُ إليكِ:

أنتِ الأجملُ فتوّةً وأنوثةً

أبحثُ عن غيرِك

لأنساكِ؟!

تتهمني

تتهمني:

بشحوبِ نضارتها

ومن جسدي ماء يرويها

تتهمني:

بقصدِ غيرها

ودمعتي ليست غريبة

فوقَ خدّها

تتهمني:

بتقطيعِ رسائلها

وقد نثرت عمري حروفاً

أنتظرها

تتهمني:

بقولٍ كذبٍ..

ومن همسِ الطيرِ

قصيدةً جمعتها

تتهمني:

بحرقِ أزهارِ عمرها

وعمري في قاربٍ تجذّفُ به يداها

تتهمني:

بهجرها.. وذكراها

دمعٌ ورداءٌ ومنفىً

تتهمني:

إنّما أكتبُ ليقولوا شاعرٌ

ما همّني

إن قالوا أنا شاعرها

215

كتبتُ إليها

بنيتُ العشَّ من رمادِ عينيها

وجمعتُ القشَّ من تحتِ قدميها

وفرشتُ القمرَ برحيقِ شفتيها

ثم دنوتُ إليها أسألُها:

أتقيمينَ معي؟

أجابت:

بنيانُكَ هشٌّ

فالعينُ ذبلَت

والشفاهُ جفَّت

والنفس سئمَت

قلتُ لها:

سيضيءُ الجسدُ ليلَنا

والدمعُ سماءَنا

216

ونسافرُ حيثُ روحُنا

قالت: أنت تهذي

نزعتُ الحلمَ من وسادتي

وكتبتُ إليها:

هذه القصيدةَ..

217

سرُّنا الوحيد

تسقطُ الذاكرةُ في دهاليزِ
وردةٍ ليست لكَ
وتنمو الغربةُ قصيدةً
تُؤرّقُ عينيكَ
فالفراقُ رحيقُ موتٍ
في طريقه إليكَ
لُفّي بذراعيكِ موتي
وانهضي من ذاكرتي
فبغيركِ الجسدُ قبرُ
الروح والروحُ
كفنُ قصيدتي
ومن سواي يرسمكِ
حلماً يراودكِ

كعتمةِ قهوتي
ودخانِ سيجارتي
ككلامٍ يذكرنا كأنّه
سرّنا الوحيد

كيف أنتِ بغيركِ؟

كأنّما البحرُ حاضرٌ بكِ

يرسمُ الدمعَ بين عينيكِ

ويسألُني:

كيف هو رسمُ شفتيكِ؟

موجٌ هادئ يقبّل

الرمل ويرحلُ

كأنّما البحرُ يصمتُ

إذا ما التقيتُكِ

فهو يدركُ أنَّ الصمتَ

شيءٌ يرسمكِ

أهمسُ في أذن

الطيرِ أينكِ؟

يلفّ سبعَ مراتٍ

حولي ويضمّكِ

أرشّ بشيءٍ من نورهِ

ملامحي، علّي أصيرُ

شيئاً يشبهكِ

أمشي وعلى الرملِ خطىً

محوناها معاً

تعيدُ لي غداً من رائحتكِ

كأنّما البحرُ أنتِ

مداً وجزراً قدمتِ

فكيفَ لي ألاّ أسألكِ:

كيف أنتِ بغيركِ؟

جُلُّ ما كتبنا

فلنهدأ لحظةً

ولنرمِ في النارِ جُلَّ ما كتبناه

فلنرسل مع البريدِ الأبديِّ

أكثرَ ما خبأناه

نعشقُ الدموعَ وننثُرها

فتاتَ روحٍ نعبثُ

بها ونأسرُها

فلنقف مرّةً

نحيِ ضعفَنا وخوفَنا

فلنقفْ مرة نأذنْ

لصوتنا

ذلك الصوتُ الملائكي

دائمُ الموتُ فينا

فلنوقظْه ولو مرة
نقرأْ ما كُتِب على
جبينه وجبينِنا

الوقتُ المسلوب

نثرَ العشقُ

ألوانَه المغريَةَ

دائماً كنّا سويَة

كلَّما نهضَ

الليلُ من على أجسادِنا

بدمعهِ الخمريّ

نسيرُ خلف الأثيرِ كأنّنا

نفقدُ رائحةَ شهوتِنا

بأسلوبٍ عصريّ

وما العشقُ؟!

سوى جسدٍ يكتملُ

بغيرهِ أو ينقص!

فإن غادركَ..

إعلم أنّك أبديُّ الغربةِ

كطيرٍ فقدَ سماءَه

واترك في كلِّ مكانٍ

تضيعُ فيه جملةً مثيرة

واترك في كلِّ غيمةٍ

تمرُّ بكَ دمعةً أسيرة

واجعل فراشك قصيدةً

تُرتّلُ الهذيانَ أرقاً

كالوقتِ المسلوبِ

خلفَ ليلكَ العاري

225

سِرنا من جديد

ارتدى الغموضُ

شيئاً من ثيابي

وعانقَ طريقَها

فأجبتُ كلّما سـألتني:

أينَ تصحبني؟!

أنا من حُلمٍ بعيد..

أفلتت من يدها يداي

وقفلَت عائدةً.. خطوةً

نظرَت من حولها

وأدركَت أنّها الأمسُ

الوليد..

همستُ في أذنِها:

يأخذُنا العشقُ أينما

226

يريد..

فلنُنصتْ إليه..

تذرفُ دمعةً فوق خدِّها

وتهمس:

ما العشقُ سوى نبضٍ

في قلبِ غيرهِ

أحكمتُ القبضَ على يدها

وسرنا من جديد..

عندما تحضرين

هكذا أصيرُ عندما تحضرين

يصبحُ الشعرُ كالهذيان

أجلسُ كالمتسوّلين

يخلو المكانُ من المكان

وتصيرُ الهمساتُ عناوينَ

هكذا أصيرُ عندما تحضرين

أنظرُ في السماء وظلِّ الحذاء

أمسكُ بطيف الكلامِ

كتمثالٍ من رخام

يكبّلني الوقتُ ساخراً

أتبدّدُ، أنظرُ في الساعةِ

وأندّدُ:

الصمتُ مباحٌ إذا ما قبَّلتُها

على الجبينِ كالعظماء

وصرختُ:

يا ابنةَ اللحظة الأولى

في كلِ لقاء

كحلم معتّق

أنتِ من حاكَ للزمنِ

فستانَه الأبيضَ حينما ولدتِ..

وجمعَ في دنيايَ رحيقَ

أنوثةٍ كدمعِ عينيكِ

أخشى أن تهبطَ الدقائقُ

سريعاً، كالندى فوقَ شفتيكِ

إذا ما روتني مرةً

أظمأُ العمرَ بعدكِ

حلماً أعتّقهُ كرمادِ جفنيكِ

تعودت ذاكرتي إهمالَكِ

تعودَتْ ذاكرتي إهمالَكِ
يصعبُ عليها الموتُ
في زمنين
يصعبُ عليها الحياة
في مكانين
تعلّمتُ كيف أمضي وحيداً
وأتقنُ التفاعلَ مع الغربةِ
كيفما أشاءُ..
فالذكرى فلسفةُ الوقتِ
فوقَ الجسد
تعودتُ قتلكِ بهدوءِ فنجان
قهوتي الصباحيّ
وخطواتٍ خلفَ الدخان

المسائيّ..

فأنتِ التي تأتينَ ليلاً

وغمضَ العينين

ليقطنَ الأرقُ صباحين

أمسِ وغداً

يظهرُ في جسدين

وسراباً بين خطوتين

ربما كنت أحلم

ربما حلمتُ

ربما حلُمَتْ

ربما جاءَنا الحلمُ عدماً

نلتقي أو لا نلتقي

ينصتُ إلينا..

نهمسُ أو لا نهمسُ

ينصتُ إلينا..

عندما تغيّرُ الطريقُ

مسارها إلى غيرنا

ينصتُ إلينا..

عندما يستوقفُنا الحاضرُ

في مكانٍ ما ينقصُنا

ينصتُ إلينا..

ربما نغفو مرةً

وننصت إليه فيعادُ لقاؤُنا

المحتويات

235

هذيانُ الوقت

Printed in the United States
By Bookmasters